Vente du Lundi 11 Janvier 1869

COLLECTION

IMPORTANTE

D'ÉMAUX CLOISONNÉS

TRÈS-BELLES PORCELAINES

DE LA CHINE ET DU JAPON. — OBJETS VARIÉS

Exposition publique : Le Dimanche 10 Janvier 1869

Me CHARLES PILLET	M. CHARLES MANNHEIM
COMMISSAIRE-PRISEUR	EXPERT

CATALOGUE

D'UNE TRÈS-RICHE COLLECTION

D'ÉMAUX CLOISONNÉS

Vases, Brûle-Parfums, Plaques, Bouteilles, etc.;

Coffrets, Flambeaux, Cornets;

PORCELAINES DE LA CHINE & DU JAPON,

Bronzes, Laques, Matières précieuses.

DONT LA VENTE AUX ENCHÈRES PUBLIQUES

aura lieu

HOTEL DROUOT, Salle N° 3

Le Lundi 11 Janvier 1869

A DEUX HEURES.

Par le ministère de M° **Charles PILLET,** Commissaire-Priseur,
10, rue Grange-Batelière,

Assisté de M. **Charles MANNHEIM,** Expert, 7, rue Saint-Georges.

Chez lesquels se trouve le Catalogue

EXPOSITION PUBLIQUE

Le Dimanche 10 Janvier 1869, de une heure à cinq heures.

CONDITIONS DE LA VENTE.

Elle sera faite au comptant.

Les adjudicataires payeront *cinq pour cent* en sus des enchères.

L'exposition mettant le public à même de se rendre compte de l'état des objets, il ne sera admis aucune réclamation une fois l'adjudication prononcée.

Paris. — Imp. de PILLET fils aîné, rue des Grands-Augustins, 5.

DÉSIGNATION DES OBJETS

Émaux cloisonnés

1 — Grand et beau brûle-parfums de forme sphérique, décoré de fleurs et d'ornements émaillés en couleurs sur fond bleu turquoise. Les deux anses à dragons et le bouton du couvercle repercé à jour sont en bronze doré.

Haut., 60 cent.

2 — Deux grands cornets, modèle carré, en émail cloisonné sur fond bleu turquoise et enrichis d'arêtes saillantes en bronze repercé à jour.

Haut., 53 cent.

3 — Beau vase, modèle cornet, en émail cloisonné de belle qualité, décoré de fleurs émaillées en couleurs sur fond bleu et enrichi d'arêtes saillantes émaillées de même.

Haut., 45 cent.

4 — Brûle-parfums de forme oblongue reposant sur quatre pieds, décoré de fleurs émaillées en couleurs sur fond bleu. Les anses et le bouton du couvercle sont en bronze doré.

Haut., 42 cent.

5 — Brûle-parfums en émail cloisonné, décoré de fleurs et
d'ornements sur fond bleu turquoise, à ornements réser-
vés en bronze doré et reposant sur trois pieds à têtes chi-
mériques.

Haut., 37 cent.

6 — Joli petit vase, modèle balustre à deux anses en émail
cloisonné à fleurs sur fond bleu turquoise.

Haut., 19 cent.

7 — Beau coffre en émail cloisonné décoré de fleurs, d'animaux et d'oiseaux émaillés en couleurs sur fond bleu
turquoise. Socle en bois sculpté.

Haut., 35 cent. ; larg., 36 cent.

8 — Deux très-belles plaques rondes, décorées de perroquets
perchés sur des branches de fleurs, émaillés en couleurs
sur un fond a rosaces, décorées rouge, bleu et blanc.

Diam., 63 cent.

9 — Jolie plaque en émail cloisonné à fond bleu turquoise, décorée de vases de fleurs et d'attributs di-
vers.

Long., 52 cent, ; larg., 44 cent.

10 — Plaque ou tableau en émail cloisonné, décoré de poissons et de plantes aquatiques en couleurs sur fond blanc
et bleu turquoise.

Haut. 50 cent. ; larg., 43 cent.

11 — Dessus de table en émail cloisonné de forme carré-long

décoré de fleurs et d'oiseaux en couleurs sur fond à quadrilles et rosaces.

Long., 75 cent. ; larg., 36 cent.

12 — Jardinière de forme ronde et surbaissée en émail cloisonné, décorée d'ornements sur fond bleu et à deux anses têtes de dragons.

Diam., 32 cent.

13 — Brûle-parfums de forme sphérique, décoré d'animaux fantastiques sur fond bleu, et reposant sur trois pieds droits.

Haut., 24 cent.

14 — Deux flambeaux, modèle carré, en émail cloisonné à fleurs et ornements sur fond bleu turquoise.

Haut., 40 cent.

15 — Coupe ronde, en émail de Chine, décorée d'un paysage avec figures.

Diam., 54 cent.

16 — Vase modèle bouteille, en émail cloisonné, décoré de fleurs et d'ornements sur fond bleu.

Haut., 55 cent.

17 — Deux lanternes hexagones, en émail cloisonné, avec clochetons et galeries découpés à jour.

18 — Petite théière de forme cylindrique en émail cloisonné avec anse et goulot en bronze doré.

Haut., 15 cent.

19 — Vase, modèle balustre carré, décoré de fleurs sur fond
bleu.

Haut., 23 cent.

20 — Vase, modèle balustre à deux anses, décoré de fleurs
en couleurs sur fond bleu.

Haut., 24 cent.

21 — Deux jardinières de forme oblongue en émail cloisonné
à fleurs sur fond bleu.

22 — Deux autres jardinières de forme hexagone, avec enca-
drement en émail cloisonné et fond doré.

23 — Deux coupes rondes en émail de Chine, décorées de médaillons de paysages avec figures.

Diam., 32 cent.

24 — Plateau à bord festonné en émail cloisonné à ornements sur fond bleu.

Diam., 39 cent.

25 — Quatre coupes sur piédouche, en émail cloisonné, décorées d'ornements sur fond bleu turquoise. Seront vendues par deux.

Haut., 11 cent.

26 — Petit brûle-parfums de forme surbaissée et à couvercle
en émail cloisonné, décoré de fleurs et de grecques sur
fond bleu turquoise.

Haut., 19 cent.

27 — Deux jolis vases, modèle balustre, décorés de fleurs et

d'ornements émaillés en couleurs, sur fond bleu turquoise.

Haut., 23 cent.

28 — Brûle-parfums de forme surbaissée en émail cloisonné, à fleurs et ornements, et anses en bronze doré.

Haut., 11 cent.

29 — Coupe ronde décorée intérieurement et extérieurement d'ornements et de fleurs émaillés sur fond bleu.

Diam., 25 cent.

30-32 — Trois petites pièces en émail cloisonné, qui seront vendues séparément : brûle-parfums, vase cylindrique et petite boîte.

33 — Grand vase, modèle gourde, à côtes en émail de Chine, décoré d'oiseaux, d'insectes et de fleurs. Le fond jaune pointillé est couvert de branches de fruits et de fleurs.

Haut., 58 cent.

34 — Deux vases, modèle balustre carré et aplati, en émail cloisonné à fleurs et oiseaux sur fond bleu turquoise.

Haut., 39 cent.

35 — Deux vases, modèle gourde, en émail cloisonné, à fleurs et insectes sur fond rouge.

Haut., 38 cent.

36 — Deux vases, forme cylindrique à couvercle, en émail cloisonné, à fleurs et ornements en couleurs sur fond noir.

Haut., 40 cent.

37 — Vase, modèle balustre hexagone, en émail cloisonné sur fond bleu.

Haut., 56 cent.

38 — Deux vases porte-allumettes, en émail cloisonné, décorés de rinceaux sur fond rouge.

Haut., 14 cent.

Porcelaines

39 — Deux grands et beaux vases, de forme ovoïde, avec couvercles bombés, entièrement couverts d'un riche décor en camaïeu bleu représentant des sujets militaires, des sujets familiers et des ornements variés.

Haut., 1 m.

40 — Beau vase, modèle ovoïde, à gorge évasée, en ancienne porcelaine de Chine, décoré de médaillons de personnages et de lambrequins à vases en camaïeu bleu sur fond bleu fouetté.

Haut., 90 cent.

41 — Belle vasque ou jardinière en porcelaine de Chine, décorée de vases de diverses formes en relief et de fleurs en émaux de la famille verte. Pièce exceptionnelle.

Haut., 47 cent. ; diam., 58 cent.

42 — Très-grande vasque en porcelaine de Chine décorée de larges plantes aquatiques et d'oiseaux en camaïeu bleu.

Haut., 54 cent. ; larg., 66 cent.

43 — Vasque en porcelaine de Chine décorée de poissons et
de plantes aquatiques en bleu et rouge de cuivre.

Haut., 46 cent.; diam., 58 cent.

44 — Vasque en porcelaine de Chine décorée d'un paysage
montagneux en camaïeu bleu et portant de longues ins-
criptions.

Haut., 49 cent.; diam., 56 cent.

45 — Belle garniture de cinq pièces, en ancienne porcelaine
de Chine, décorée d'arbustes, de fleurs et d'ornements
émaillés en couleurs sur fond blanc.

Haut., 45 cent.

46 — Deux belles potiches, de mêmes style et décor.

47 — Deux cornets à panses renflées, de même qualité.

48 — Deux potiches en porcelaine de Chine décorée de fleurs
et d'oiseaux émaillés en couleurs.

49 — Beau vase, modèle balustre carré, à angles coupés, en
céladon bleu turquoise uni.

Haut., 57 cent.

50 — Beau vase, forme cylindrique, en porcelaine de Chine,
décoré de poissons rouges se détachant sur un fond bleu
fouetté relevé d'or.

51 — Beau brûle-parfums, de forme oblongue, à quatre pieds
droits, anses surélevées, et à couvercle surmonté d'une

chimère, en céladon bleu turquoise. — La pièce est enrichie de pois saillants.

Haut., 24 cent.

52 — Jolie figure de femme en poterie de Satsouma, dont le costume est émaillé en couleur.

53 — Deux belles jardinières de forme ronde en céladon bleu turquoise.

Diam., 28 cent.

54 — Vase modèle balustre, en céladon vert d'eau, à ornements gaufrés sous émail.

Haut., 40 cent.

55 — Deux vases porcelaine de Chine, modèle balustre carré, décorés de figures émaillées en couleurs sur fond rouge filigrané d'or.

Haut., 37 cent.

56 — Vase modèle balustre, à deux anses dragons à jour. décoré en amaïeu bleu.

Haut., 38 cent.

57 — Joli vase, modèle carré, en porcelaine de Chine émaillée et dorée à l'imitation d'émail cloisonné.

Haut., 31 cent.

58 — Quatre coupes rondes en porcelaine de Chine, à fleurs émaillées en couleur sur fond rouge.

Diam., 20 cent.

59 — Petite jardinière de forme hexagone en porcelaine de Chine émaillée en couleur avec galerie à jour.

Haut., 15 cent.

60 — Chimère assise en céladon bleu turquoise.

61 — Deux autres chimères en céladon bleu turquoise sur socle émaillé violet.

62 — Vase, modèle rouleau, en ancienne porcelaine de Chine, décoré de sujets familiers en émaux de la famille verte.

Haut., 45 cent.

63 — Vase de forme carrée à gorge ronde, décoré d'arbustes et de fleurs en camaïeu bleu.

Haut., 50 cent.

64 — Vase de forme cylindrique à gorge rétrécie, en porcelaine de Chine, décoré de figures de cavaliers et de sujets familiers émaillés en couleurs.

Haut., 44 cent.

65 — Vase, modèle balustre, en porcelaine craquelée, émaillée vert d'eau, à anses et bandes d'ornements en relief, émaillés brun.

Haut., 38 cent.

66 — Vase, forme bouteille, décoré de fleurs et d'oiseaux en camaïeu bleu.

Haut., 38 cent.

67 — Deux vases, modèle balustre, en porcelaine émaillée rouge haricot.

Haut., 58 cent.

68 — Vase, forme cylindrique, en porcelaine de Chine, décoré en émaux de la famille verte à arbustes, fleurs et oiseaux.

Haut., 48 cent.

69 — Vase, modèle cornet, à panse renflée, en céladon bleu turquoise, et feuilles gravées sous émail.

Haut., 43 cent.

70 — Deux jardinières avec plateaux, décorées d'ornements en couleur sur fond rosé.

71 — Quatre jardinières en porcelaine de Chine, décorées de fleurs émaillées en couleurs. — Ce lot sera divisé.

72 — Vase, modèle balustre, à deux anses garnies d'anneaux, décoré de paysages en camaïeu bleu.

Haut., 43 cent.

73 — Deux petits vases, modèle balustre, en porcelaine de Chine, décorés d'oiseaux et de fleurs émaillés en couleurs sur fond bleu.

Haut., 29 cent.

74 — Deux cornets, de même décor.

75 — Petit vase, modèle carré, en porcelaine de Chine, décoré d'arbustes en camaïeu bleu, et garni d'anneaux aux angles.

Haut., 23 cent.

76 — Deux vases, modèle cornet, à panse renflée, fond bleu d'eau, gravés au trait et décorés de grues sacrées et de fleurs émaillées en couleurs.

Haut., 41 cent.

77 — Vase, modèle balustre carré en ancienne porcelaine de Chine, décoré de médaillons de fleurs et encadrements à fleurs sur fond pointillé vert.

Haut., 47 cent.

78 — Bouteille en céladon bleu turquoise uni.

Haut., 38 cent.

79 — Coupe ronde et creuse en poterie de Satsouma, décorée intérieurement et extérieurement de poissons rouges relevés d'or sur un fond imitant un filet.

Diam., 21 cent.

80 — Vase, modèle lancelle, décoré d'animaux fantastiques, de chauves-souris et de nuages émaillés en couleurs.

Haut., 43 cent.

81 — Deux porte-allumettes carrés, l'un d'eux à vases en relief, et l'autre à fleurs et attributs émaillés en couleurs.

82 — Deux petites coupes rondes en porcelaine de Chine, décorées de dragons et de fleurs émaillées en couleur sur fond bleu.

Diam., 16 cent.

83 — Vase, modèle bouteille, en porcelaine de Chine, décoré de plantes aquatiques et d'oiseaux en bleu et rouge de cuivre.

Haut., 48 cent.

84 — Bol en ancienne porcelaine de Chine, décoré de figures dans des paysages, et fond rouge relevé d'or.

Diam., 30 cent.

85 — Deux bols en porcelaine du Japon, décorés de figures émaillées en couleurs sur fond d'or.

Diam., 23 cent.

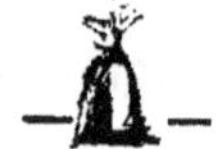

86 — Petite coupe ronde décorée de médaillons de paysages avec figures, et fond bleu relevé de fleurs émaillées en couleurs.

Diam., 15 cent.

Bronzes, Laques et Matières précieuses

87 — Joli vase en bronze, modèle balustre à côtes et à anses dragons, enrichi d'incrustations d'or et d'argent.

Haut., 16 cent.

88 — Petit brûle-parfums en bronze, enrichi d'inscrustations d'or et d'argent, et en forme d'oiseau fantastique.

89 — Écritoire formée d'un animal chimérique en bronze incrusté d'or et d'argent.

90 — Petit vase de forme cylindrique en bronze à ornements en relief enrichi d'incrustations d'or et d'argent.

91 — Boîte carrée et plate en laque du Japon, décorée de grues sacrées et d'arbustes sur fond pailleté d'or.

92 — Boîte simulant un ruban enlacé, en laque noir, décorée de fleurs et d'ornements en or et en relief.

93 — Jolie boîte en laque d'or, décorée d'un paysage avec cours d'eau.

94 — Petit cabinet à trois tiroirs en laque, décoré de fleurs et d'oiseaux et incrustations de nacre.

95 — Boîte de forme octogone en laque du Japon aventuriné et dessus décoré de fleurs sur fond d'or.

96 — Boîte en laque aventuriné, décorée d'arbustes en or.

97 — Boîte en laque du Japon, décor à damier et feuillages en or.

98 — Petite boîte ronde en laque noir décorée de fruits en relief.

99 — Boule en cristal de roche uni.

100 — Pitong en forme de tronc d'arbre, en aventurine dite de Venise.

Haut. 13. cent.